AF588619

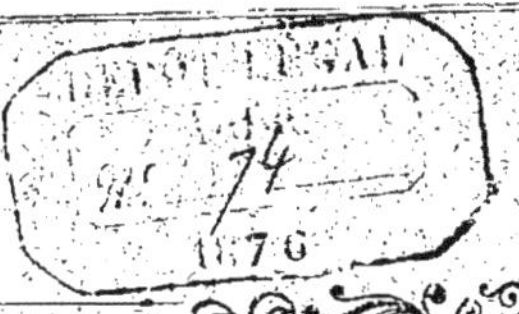

NOTICE

SUR

CASIMIR-PERIER

SÉNATEUR INAMOVIBLE
ANCIEN DÉPUTÉ DE L'AUBE
GRAND OFFICIER DE LA LÉGION-D'HONNEUR
ANCIEN MINISTRE
ET MEMBRE DE L'INSTITUT

BIOGRAPHIE ET FUNÉRAILLES

PAR

AUGUSTE COLLIN

NOGENT-SUR-SEINE

IMPRIMERIE ET LITHOGRAP. FAVEROT.

NOTICE

SUR

CASIMIR-PERIER

SÉNATEUR INAMOVIBLE
ANCIEN DÉPUTÉ DE L'AUBE
GRAND OFFICIER DE LA LÉGION-D'HONNEUR
ANCIEN MINISTRE
ET MEMBRE DE L'INSTITUT

BIOGRAPHIE ET FUNÉRAILLES

PAR

AUGUSTE COLLIN

NOGENT-SUR-SEINE

IMPRIMERIE, LITHOGRAPHIE ET LIBRAIRIE FAVEROT.

—

1876

NOGENT-SUR-SEINE. — IMPRIMERIE FAVEROT
Rue de l'Hôtel-Dieu.

AVANT-PROPOS.

Quand une personne vous est chère et que la mort vient la ravir à votre estime et à votre affection, vous êtes heureux de posséder quelque chose, de si petite valeur que ce soit, qui la rappelle toujours à votre souvenir.

La foule immense accourue de tous les coins du département de l'Aube pour assister aux funérailles de M. Casimir-Perier à Pont-sur-Seine, les pleurs répandus autour de son cercueil, la vive émotion peinte sur les visages ont témoigné assez haut combien il était aimé et regretté, aussi ai-je cru faire plaisir à tous mes amis et concitoyens en leur offrant une petite brochure qui renferme une notice sur la vie du grand homme d'État, ses obsèques à Paris et à Pont-sur-Seine avec les deux discours prononcés en cette douloureuse circonstance par M. Amédée Gayot, sénateur, et M. Develle, préfet de l'Aube.

A. C.

CASIMIR-PERIER

Il y a quelque temps, on avait appris tout-à-coup, avec la plus vive et la plus douloureuse émotion, qu'une violente attaque de goutte avait amené M. Casimir-Perier à la dernière extrémité ; alors, le public de la France entière avait suivi avec une anxiété bien marquée les diverses péripéties de sa maladie, et éprouvé un véritable soulagement quand il put savoir que M. Casimir-Perier était entré en pleine convalescence ; mais quel coup de foudre pour Paris, pour tous les départements, quand jeudi 6 juillet la triste nouvelle se répandit que ce grand cœur avait cessé de battre !

Le vendredi d'auparavant, M. Casimir-Perier, fut repris par la fièvre. Tout d'abord on crut à une légère indisposition, mais le mal était cette fois sans remède.

Le jeudi 6 juillet, à huit heures du matin, M. Casimir-Perier était encore en pleine possession de lui-même, mais autour de lui on prévoyait bien le dénouement fatal.

A dix heures, M. Casimir-Perier n'était plus.

M. Casimir-Perier naquit à Paris, le 20 août 1811. Il était le fils aîné du célèbre ministre de la monarchie de Juillet, que le choléra emporta si malheureusement en 1832.

Grâce à son talent précoce et à ses éminentes qualités, il entra dès 20 ans dans la carrière diplomatique.

Tout d'abord envoyé à Bruxelles, comme premier secrétaire d'ambassade, il devint bientôt chargé d'affaires à Naples et à Saint-Pétersbourg, puis ministre plénipotentiaire au Hanovre.

En 1846, il quitta la diplomatie pour entrer au

Parlement : le premier arrondissement de Paris venait de l'envoyer siéger à la Chambre des députés.

Il se mêla au groupe des conservateurs libéraux.

Quand éclata la Révolution de février, il se retira dans ses magnifiques propriétés de Pont-sur-Seine.

Aux élections de 1849, le département de l'Aube envoya M. Casimir-Perier siéger à la Législative.

Il commença par s'associer à la politique du prince-président ; mais quand il vit la Constitution violée, la dissolution brutale du Parlement, le trop fameux coup d'Etat du 2 décembre, les instincts de libéralisme s'éveillèrent plus ardents que jamais dans cette âme fortement trempée où vibrait le patriotisme de sa race ; et le 3 décembre, mêlé aux députés du Xe arrondissement qui protestaient contre l'usurpation d'un tyran, il fut arrêté et enfermé au Mont-Valérien.

Sa captivité fut de courte durée. Mis en liberté au bout de quelques jours, il disparut de la scène politique pour se retirer dans son château de Pont-sur-Seine. C'est là qu'il s'adonna à l'étude de questions économiques et financières ; il publia aussi à différentes reprises des articles dans la *Revue des Deux-Mondes*.

L'esprit profondément libéral répandu dans ces écrits, la netteté des idées, la clarté des aperçus, la vaste érudition qu'il y déploya lui ouvrirent les portes de l'Académie des Sciences morales et politiques.

Une de ces études, consacrée à la critique du système budgétaire de l'empire, eut un vaste retentissement dans le pays, mais aussi lui valut la haine de l'empire.

En 1863, l'un des premiers, il tenta la lutte contre les candidats officiels. Le Dauphiné est le berceau de la famille Perier. C'est du château de Vizille, célèbre par l'asile qu'y donna en 1788, M. Claude Perier, aux trois ordres du Dauphiné, que M. Casimir-Perier data la circulaire posant sa candidature dans la première circonscription de l'Isère. Il n'échoua que de quelques centaines de voix, après une lutte acharnée où l'Empire lui fit l'honneur de le combattre par les plus odieux expédients.

En 1869, au moment du réveil de l'opinion publique, la candidature de M. Casimir-Perier, mise en opposition à la candidature officielle de M. Argence, rencontra une faveur marquée auprès des populations, mais fut combattue avec un acharnement inouï par le gouvernement. Chacun se rappelle les manœuvres odieuses employées pour la faire échouer et pour faire triompher celle de son concurrent.

Durant la guerre de 1870, M. Casimir-Perier resta enfermé dans son château jusqu'au jour où, grâce à un accès de fièvre patriotique qui se manifesta par une vigoureuse opposition à des exigences de l'ennemi, il se vit emmener prisonnier par une cohorte prussienne. Le César ténébreux de l'Elysée, fait remarquer justement un grand écrivain, et le César impitoyable de Berlin, l'ont fait prisonnier tour-à-tour, et cette double consécration donnée à son patriotisme ne l'a pas même énorgueilli.

Elu député le 8 février 1871, par les départements de l'Aube, des Bouches-du-Rhône et de l'Isère, il opta pour le premier. Sa place fut marquée au centre gauche, parmi tous les amis de M. Thiers, dont il soutint toujours si vigoureusement depuis la politique loyale et sincère. Bientôt le grand homme d'Etat voulut lui remettre un portefeuille, mais M. Casimir-Perier refusa pour consacrer tout son temps au rapport du budget exceptionnel de 1871, dont il était nommé le rapporteur. Toutefois, à la mort de M. Lambrecht, il dut accepter le portefeuille de l'intérieur.

Il signala son entrée dans cette nouvelle charge par la célèbre circulaire dans laquelle il exposait les véritables principes de gouvernement dans un pays libre.

Lors de la discussion de la proposition de MM. Duchâtel et Humbert, sur le retour de la Chambre à Paris, M. Casimir-Perier, atteint par le vote qui frappait Paris, crut devoir, malgré les instances de plusieurs de ses amis, donner sa démission de ministre. Dès lors, il s'efforça de créer un groupe de républicains conservateurs, avec l'intention formelle de former un lien entre le centre droit et le centré gauche.

A partir du jour où M. Casimir-Perier quitta le ministère, son adhésion complète, absolue, était acquise à la République.

La lettre qu'il publie à ce moment, et dans laquelle il ne craint pas de dire qu'il se prononce nettement et sans arrière-pensée pour la forme républicaine, la seule qui lui paraisse destinée à préserver la France d'une crise anarchique, prélude certain d'un despotisme quelconque, sans parler des dangers extérieurs, *est restée mémorable.*

Le 19 mai 1873, M. Thiers rappela de nouveau M. Casimir-Perier à l'*intérieur*. M. Casimir-Perier accepta, mais ce fut pour quelques jours seulement.

Battu avec le Président par le vote de l'ordre du jour Ernoul, il tomba, mais sur la brèche et en défendant la République.

Il n'avait pu conjurer la crise que ménageaient les députés de la droite; cette défaite, loin de le décourager, ne fit qu'accroître son ardeur, ne servit qu'à développer en lui une nouvelle énergie pour défendre la cause républicaine; et le 15 juin 1874, il présente la fameuse proposition à laquelle son nom demeure attaché, de consacrer le gouvernement existant à titre définitif.

Cette proposition, qui tout d'abord avait obtenu un succès passager, à la suite du vote d'urgence, fut repoussée, on s'en souvient, le 23 juillet, par 374 voix contre 333. Toutefois, les premiers jalons étaient plantés, les efforts de M. Casimir-Perier, son activité, ses savantes combinaisons, son talent politique devaient être couronnés de succès. Six mois après, la Chambre donnait la sanction légale au gouvernement de la République par la Constitution du 25 février.

A M. Casimir-Perier revenait l'honneur d'occuper un des soixante-quinze postes de sénateurs inamovibles auxquels l'Assemblée Nationale allait se pourvoir.

Il fut élu au deuxième tour de scrutin, le 17e, par 347 voix. Au lendemain des élections du 20 février, la politique qu'il avait si courageusement défendue, ayant reçu l'assentiment universel du pays, il fut chargé par la maréchal Mac-Mahon de former un cabinet; mais il crut devoir refuser cette noble mission.

Il ne siégea que rarement dans la haute assemblée : la cruelle maladie qui le minait sourdement et qui devait nous le ravir, l'obligea presque continuellement à garder la chambre.

Quand le Sénat apprit cette mort malheureuse, il se produisit dans la haute assemblée un mouvement indescriptible de la plus vive émotion : le Sénat vota à l'adresse de M. Casimir-Perier les plus sympathiques regrets.

A la séance du 6 juillet, M. Martel, vice-président, s'exprima en ces termes :

« Messieurs,

» La mort frappe sans pitié dans nos rangs. Je viens d'apprendre et j'ai la douleur d'annoncer au Sénat une perte cruelle : Casimir-Perier n'existe plus. (Vif mouvement.)

» Ce n'est pas le moment de faire son éloge, je craindrais de l'affaiblir si je l'entreprenais prématurément.

» Mais je serai l'écho fidèle de mes collègues en disant que Casimir-Perier emporte tous nos regrets. (Marques générales d'assentiment.)

» Il nous était cher à tous par l'élévation de son caractère, par la sûreté de son commerce, par les services qu'il a rendus au pays comme diplomate, comme député, comme ministre. (Très-bien !)

» Casimir-Perier portait un grand nom et il le portait noblement, suivant l'exemple de son illustre père. Il s'est dévoué à la cause de l'ordre et de la liberté, qu'il n'a jamais séparés. (Très-bien, très-bien !)

» Nous l'avons tous vu aussi travailler avec le plus patriotique dévouement à fonder l'œuvre constitutionnelle destinée à relever le pays, et c'est au moment où un gouvernement définitif était enfin établi, que la mort cruelle nous enlève un collègue aimé, un excellent citoyen. (Mouvement.)

» En lui nous perdons tous un bon collègue, plusieurs d'entre nous pleurent en lui un ami. Puisse l'écho de nos regrets apporter un adoucissement à la douleur de son admirable épouse, de ses enfants, au président de cette Assemblée et de la nombreuse famille qui entourait Casimir-Perier ! (Très-bien ! — Vif mouvement de sympathie. »

L'Institut ressentit, lui aussi, le coup qui venait de le frapper dans un de ses membres les plus compétents et les plus éclairés en matière d'économie politique et financière.

M. Bersot, au lendemain de la mort de M. Casimir-Perier, prononçait devant le corps de savants et d'érudits, ces paroles qui resteront mémorables :

« Messieurs,

» La triste cérémonie à laquelle nous venons d'assister, et où tant de regrets ont été confondus, nous a laissé une impression si profonde qu'on ne pourrait que l'affaiblir par des paroles. Ce n'est pas à vous qu'il est nécessaire de représenter la perte que nous avons faite. M. Casimir-Perier ne nous appartenait que depuis une dizaine d'années ; sa santé et les affaires ne lui ont pas permis de prendre une part très active à nos travaux ; mais ce que nous voulions de lui, c'était sa personne et son nom : sa personne d'un commerce si bienveillant et si sûr; son nom, qui honorait toutes les compagnies où il se trouvait.

» Je ne me permettrai pas de porter le moindre jugement sur sa science financière. Quelques-uns seulement sont compétents dans cette science, et il nous suffit d'en croire ceux de vous qui, avec la plus haute autorité en ces matières, l'ont appelé à siéger parmi eux. On ne doit pas non plus oublier qu'il a été le rapporteur du budget de 1871, où il eut à appliquer les principes qu'il avait recommandés dans ses écrits sur les finances pendant le cours du précédent régime.

» L'homme que tout le monde était compétent pour apprécier et appréciait à sa valeur, c'était l'homme politique, l'excellent citoyen, le député qui avait été emprisonné en décembre 1851, le Français qui vingt ans après, était emmené en Allemagne, le ministre qui avait instamment demandé qu'on donnât un gouvernement à la France, celui qu'elle a aujourd'ui. Sa perte renouvelle la douleur que causait, il y a un an, la perte de notre illustre confrère M. de Rémusat ; ils ont passé tous les deux à travers le pouvoir et les révolutions, intacts et emportant la considération universelle.

» Il faut souhaiter pour la paix publique qu'il se forme de plus en plus de ces familles qui s'identifient avec le pays, qui vivent de sa vie, qui durent avec lui, qui marchent avec lui, prêtes à tout lui sacrifier, excepté leur propre estime, de ces familles nationales, vers lesquelles on se tourne, dans les temps difficiles, avec confiance et avec respect. »

FUNÉRAILLES A PARIS

C'est samedi, à dix heures et demie du matin, qu'a eu lieu le service funèbre de M. Casimir-Perier, dans l'église Saint-Pierre de Chaillot.

Dès neuf heures du matin, une affluence considérable de personnages politiques se pressait depuis la grille toute tendue de noir de la maison mortuaire, jusqu'à l'avenue des Champs-Elysées. On s'inscrivait sous la grande marquise.

Les collègues et amis du défunt étaient reçus par MM. Jean et Pierre Casimir-Perier, ses deux fils, par M. de Ségur, son gendre, et par M. d'Audiffret-Pasquier, son beau-frère.

Dans le salon de réception, bien avant la cérémonie, se tenaient l'air recueilli et l'émotion peinte sur le visage, M. Thiers, le vicomte d'Harcourt, secrétaire de la présidence, représentant le Président de la République, et tous les Ministres.

A dix heures, le corps placé sur un char orné de draperies brodées d'argent et de cartouches aux initiales du défunt, se mit en marche par la rue Galilée, l'avenue Joséphine et la rue de Chaillot.

Le cortége était précédé par un détachement du 101e de ligne avec colonel et chef de bataillon, puis venaient une voiture de deuil et le char funèbre; MM. Thiers, Amédée Gayot, sénateur de l'Aube, Duclerc, vice-président du Sénat, Bersot, membre de l'Institut, tenaient les cordons du poêle. Le deuil était conduit par MM. Jean et Pierre Casimir-Perier, M. le duc d'Audiffret-Pasquier et M. de Ségur. Immédiatement derrière le corbillard, fort simple, un maître des cérémonies portait sur un coussin les insignes et décorations de M. Casimir-Perier.

Derrière la famille, marchaient les Sénateurs, précédés de leurs huissiers et des membres de leurs bureaux, et tous les ministres : M. Dufaure, M. Léon Say, M. Teisserenc de Bort, M. Christophle, M. le duc Decazes, M. Waddington, M. de Cissey, M. Fourichon.

L'Institut était représenté par MM. Vuitry et Mignet, en grande tenue.

La Société des gens de lettres avait délégué Henri de Lapommeraye et Thomas. Puis venait un groupe compacte de députés, ayant M. Grévy à leur tête.

On remarquait aussi quantité de préfets et d'anciens préfets, de conseillers généraux, d'hommes politiques et d'anciens parlementaires.

Dans le cortége, on remarquait tous les sénateurs et députés de l'Aube, quelques conseillers généraux et amis du défunt, M. Paul Cambon, M. Servois, nos deux anciens préfets, et M. Develle, notre préfet actuel, ainsi que M. Robert, sous-préfet à Nogent.

Durant tout le trajet de la maison mortuaire à l'église, une foule compacte et recueillie escortait le cortége et se découvrait respectueusement pour saluer une dernière fois l'homme éminent que la France vient de perdre.

L'église était tendue de draperies noires sur lesquelles se détachaient des écussons portant le chiffre entrelacé du défunt. Dans le sanctuaire, un fauteuil avait été reservé pour le président du Sénat. Les ministres prirent place à droite du catafalque. Le général de Cissey portait la plaque de grand'croix et la médaille militaire. M. Thiers, très-ému est venu s'asseoir à sa droite et n'a cessé durant toute la cérémonie de verser d'abondantes larmes.

La messe basse a été célébrée par M. Sabatier, prêtre de la paroisse.

Aucun discours n'a été prononcé.

Nous allons citer au hasard quelques noms :

L'amiral Pothuau, MM. Jules Simon, Gambetta, Buffet, Jules Favre, Barthélemy Saint-Hilaire, de Broglie, Rampon, de Beaumont, général de Ladmirault, Galloni d'Istria, Hector Pessard, Allain Targé, Pouyer-Quertier, Tassin, Guyot-Montpayroux, Jenty, de Keridec, de Gavardie, Arbot, duc de Padoue, Adam, Edmond Adam, Girardin, le marquis de Fanclieu, Garnier-Pagès, Daru, Crémieux, Wallon, Gaulthier de Rumilly, Lepetit, Soubeyran, Calmon, de Molins Washburne, de Hohenlohe, de Geslin, Guillaume Guizot, Camille Doucet, Cuvillier-Fleury, le préfet de la Seine et le préfet de police, Paul Dubois, statuaire, de Rothschild, John Lemoine de l'Académie, et un grand nombre de représentants de la presse.

On estime que le nombre des sénateurs et des députés se montait à environ cinq cents.

L'église bien que vaste était trop étroite pour contenir une pareille foule et la tête du cortége seule avait pu y pénétrer.

Aussitôt après la cérémonie le corps porté sur un char funèbre fut dirigé à la gare de l'Est et déposé dans une chapelle ardente. Le soir à cinq heures, un train le ramenait à Pont-sur-Seine pour être inhumé deux jours après dans le caveau de famille, après une cérémonie religieuse.

FUNÉRAILLES A PONT-SUR-SEINE

Le lundi 10 juillet, eurent lieu à Pont-sur-Seine, les obsèques de M. Casimir-Perier, ancien ministre, sénateur inamovible, grand-officier de la Légion-d'Honneur et membre de l'Institut.

Dès huit heures du matin, à Nogent, les tambours battaient le rappel, les clairons retentissaient lugubrement pour rassembler les pompiers à l'Hôtel-de-Ville, leur point de départ.

A dix heures, ils sortaient de là, commandés par M. Poncy, leur capitaine, ayant le drapeau en tête et prenaient la direction du chemin de fer.

Les avenues de la gare, la gare elle-même, étaient littéralement remplies d'une foule immense de Nogentais de tous les rangs et de toutes les conditions, qui avaient à cœur de rendre leurs derniers hommages, les uns à un ami sincère, les autres à un bienfaiteur, tous à un grand patriote et à un grand citoyen.

Quelque temps après, le train se mettait en marche pour la station de Pont-sur-Seine.

Le train venant de Troyes, et arrivant à Pont à huit heures du matin, avait amené aussi une grande quantité de personnes de Troyes, de Méry, de Romilly et d'autres localités. Enfin, pour le dire en quelques mots, tout le département était représenté, et à dix heures plus de 5,000 personnes envahissaient les rues de Pont et les larges allées du parc.

Vers onze heures, la foule se porta en masse vers le château.

Le cercueil renfermant les dépouilles mortelles de M. Casimir-Perier avait été déposé dans la chapelle du château. A côté, dans une vaste et belle salle, se tenaient les deux fils, M. Jean et M. Pierre Casimir-Perier, M. le duc d'Audiffret-Pasquier et M. le comte Louis de Ségur, pour recevoir leurs tristes hôtes.

Vers onze heures, le clergé de Pont, auquel s'étaient joints le clergé de Nogent et de plusieurs autres communes, arriva à la chapelle. Aux abords de cette chapelle, on voyait un grand nombre de personnages de la plus haute distinction, des notabilités de tout le département, le tribunal de Nogent, représenté par M. Gauthier, président, et M. Demaison, substitut du procureur; tout le conseil municipal de la même ville, les conseillers généraux et d'arrondissement, presque tous les maires et les conseillers municipaux des environs;

Les obsèques de M. Casimir-Périer à Pont-sur-Seine.

(Gravure extraite de l'*Illustration*.)

Le cortége funèbre se rendant à Saint-Martin.

les juges de paix, les percepteurs et une forte partie des fonctionnaires de l'arrondissement; les pompiers de Nogent-sur-Seine et de Marnay, avec leurs tambours et leurs clairons; la Société de secours mutuels de Nogent et celle de Romilly, ayant en tête son président si dévoué, M. Guichardet.

Après les cérémonies d'usage et à un signal donné, le cortége se mit en marche.

Pour la dernière fois, M. Casimir-Perier allait franchir ce parc si beau, si spacieux, si grandiose, si merveilleusement disposé et ordonné, si luxuriant de verdure, si éclatant et si resplendissant de fleurs de toute sorte, ce parc qui était son orgueil et où il aimait tant à venir prendre un peu de repos après les agitations et les secousses de la politique!

Quel spectacle plus imposant que de voir cette foule immense en habits de deuil, ce mélange harmonieux de tous les rangs de la société, l'érudit à côté du paysan, le diplomate, l'homme de lettres à côté du cultivateur, tous s'acheminant lentement, l'air grave et recueilli, l'émotion peinte sur le visage, sous ces dômes de verdure que le soleil ne peut pénétrer, se découvrant respectueusement pour saluer une dernière fois ce grand homme que la mort a ravi à leur estime, à leur affection et à toutes leurs sympathies!

Sur tout le parcours il nous semblait que la brise pleurait, gémissait dans le feuillage, que les branches s'inclinaient respectueusement et que les fleurs courbaient la tête.

Le cercueil était porté par huit serviteurs de M. Casimir-Perier; huit autres étaient là, tout disposés à reprendre leurs camarades.

Les cordons du poêle étaient tenus par M. Gayot, sénateur; M. Rouvre, député; M. Develle, préfet de l'Aube, et M. le Maire de Pont.

Le deuil était conduit par M. Jean Casimir-Perier, député de notre arrondissement; M. Pierre Casimir-Perier, officier d'artillerie à l'école d'application de Fontainebleau, ayant tous deux les yeux gonflés de larmes, le cœur fortement ému et le front empreint de la plus profonde douleur ; M. le duc d'Audiffret-Pasquier et M. le comte Louis de Ségur. La foule suivait par derrière. Nous allons nous borner à citer quelques noms :

Le fils de M. le duc d'Audiffret-Pasquier, un ecclésiastique, cousin de M. Casimir-Perier ; MM. Tézenas et Fréminet, députés de l'Aube ; M. Emile Roux, ancien secrétaire de M. Casimir-Perier au ministère de l'intérieur ; M. de Lasteyrie fils, M. le comte de Merneuil, et M. Robert, sous-préfet de Nogent, avec son uniforme officiel.

Pour l'arrondissement de Nogent : M. Etienne, maire, avec ses deux adjoints, MM. Chertier et Romagny ; MM. Jeannerat et Lenfant, conseillers généraux ; MM. Astoin, Bonenfant, Boudard, Curie et Juchat, conseillers d'arrondissement ; M. Vignole, président de la Société d'apiculture de l'Aube ; M. Houël du Hamel, receveur particulier des finances.

Puis venaient, mêlés à la foule, plusieurs notabilités du département : M. Pierret, maire de Troyes ; MM. Biche et Journé, adjoints, avec une députation de six membres du conseil municipal ; quelques membres de la Chambre de commerce de cette ville ; MM. Hippolyte Douine, Masson, baron de Vendeuvre, Bertherand, Prudhomme et Doyen, conseillers généraux ; MM. les Conseillers de Préfecture, et un grand nombre de conseillers d'arrondissement.

Une délégation de la Société horticole, vigneronne et forestière de l'Aube, dont M. Casimir-Perier était membre d'honneur.

L'église de Pont ne pouvait renfermer tant de monde, une faible partie de cet imposant cortége put seule y trouver de la place.

Quand l'office religieux fut terminé et que l'absoute fut donnée aux restes inanimés de M. Casimir-Perier, on les transporta solennellement au caveau de famille. Ce caveau est d'une grande simplicité, mais d'une assez vaste étendue. Dans le milieu, s'élève un petit autel ; à gauche de cet autel se trouve l'urne renfermant le cœur du célèbre ministre de Louis-Philippe, et tout près, les cercueils où sont déposées les dépouilles mortelles

Les obsèques de M. Casimir-Périer à Pont-sur-Seine.

(Gravure extraite de l'*Illustration.*)

Le caveau mortuaire de la famille Casimir-Périer.

de la famille Casimir-Perier. Là, deux oraisons funèbres furent prononcées : l'une par M. Amédée Gayot, l'autre par M. le préfet de l'Aube.

Voici le discours de M. Amédée Gayot :

« Messieurs,

» Des écrivains de tous les partis, des hommes autorisés par leur position officielle ont rendu justice à M. Casimir-Perier comme homme d'Etat, comme diplomate, comme économiste. Des voix éloquentes et émues ont déploré sa mort prématurée comme un malheur public qui frappe la France entière. C'est à un point de vue plus restreint que je me place en ce moment. Je veux indiquer quelle perte le département de l'Aube a faite, dans le compatriote éminent que nous pleurons.

» Notre pays était la terre préférée, le séjour favori de M. Casimir-Perier. Ai-je besoin d'en donner des preuves? N'a-t-il pas passé la plus grande partie de sa vie dans sa propriété de Pont-sur-Seine? N'a-t-il pas employé tous ses loisirs à l'améliorer et à l'embellir? N'y a-t-il pas concentré toutes ses jouissances et celles de sa famille? En 1871, nommé député dans trois départements, il opta pour l'Aube, se consacrant sans réserve à ses compatriotes. Enfin, c'est au milieu de nous qu'il a voulu que reposât sa dépouille mortelle, nous confiant ainsi un dépôt sacré dont nous nous montrerons les gardiens respectueux et fidèles.

» Les intérêts de notre département n'ont jamais eu un plus zélé défenseur. Comme député, comme conseiller général, il était toujours sur la brèche. Routes, canaux, chemins de fer ont tour-à-tour attiré son attention, et, dans plus d'une question controversée, sa haute influence a fait pencher la balance en notre faveur.

» Sous le rapport politique, il s'épuisa en efforts pour nous diriger dans la voie qu'il jugeait pouvoir seule nous conduire au relèvement de la France, à la paix, à l'union, et nous éloigner des révolutions et des catastrophes nouvelles. Son exemple, ses conseils particuliers, ses discours publics tendaient tous à ce but. Sa sincère conviction, son élan patriotique portaient la persuasion dans les esprits, et, si notre pays s'est attaché si fermement à la République conservatrice, à l'ordre dans la liberté, c'est en grande partie à M. Casimir-Perier que nous le devons.

» Cette noble propagande ne s'arrêtera pas, messieurs; le souvenir et le nom de M. Casimir-Perier nous préserveront des défaillances et des excès, car c'est le propre des hommes de cette valeur d'impressionner profondément leurs contemporains; leur salutaire influence persiste longtemps après qu'ils ne sont plus.

» Parlerai-je maintenant des services particuliers rendus par M. Casimir-Perier? avec quelle bonté, quelle inaltérable bienveillance il accueillait ceux qui s'adressaient à lui, toujours prêt à les écouter, à leur répondre, à les aider! S'il avait la preuve d'une injustice, il se sentait blessé lui-même, et ne prenait point de repos qu'il n'eût contribué à la réparer. Quant à sa bienfaisance, elle était inépuisable; c'est d'ailleurs une tradition dans son honorable famille, tradition que les siens ne laisseront pas tomber.

» Messieurs, la mort de M. Casimir-Perier va faire un vide immense dans notre département. Il manquera à tout le monde, aux grands comme aux petits; c'est ce que ressentent si vivement ces populations accourues de si grandes distances pour saluer encore une fois leur protecteur et leur ami.

» Encore un mot, Messieurs, toutes les voix qui exaltent la mémoire de M. Casimir-Perier ne parlent que de l'homme public; mais pour faire apprécier tout ce qu'il valait, il faudrait dévoiler en lui l'homme privé.

» Comment vous donner une idée de la dignité de sa vie intérieure, des trésors de tendresse et d'indulgence qu'il répandait sur tous ceux qui l'entouraient? Quelle union étroite par le cœur et par l'esprit avec cette épouse si digne de lui! Quel père incomparable, respecté, obéi, mais surtout aimé! Quel ami sincère et vaillant, atténuant les échecs de ceux qu'il aimait, et leur attribuant souvent des succès qui n'étaient dus qu'à lui seul!

» Quel père incomparable, ai-je dit. M. Casimir-

Perier a reçu de sa sollicitude et de ses soins paternels une pleine récompense et une grande consolation, car il a pu mourir convaincu, comme nous le sommes tous, qu'il laisse des fils capables de le continuer sans faiblir, et de conserver intact cet héritage d'honneur qu'il tenait de son illustre père. »

Voici le discours de M. le Préfet :

« Messieurs,

» Vous venez d'entendre le digne collègue de celui que vous avez perdu. Il vous a rappelé avec une émotion que chacun de nous partage les qualités éminentes qui distinguaient M. Casimir-Perier et les dons aimables qui donnaient tant de charme à son commerce et à son amitié. Je ne veux point après lui retracer la noble existence de ce grand citoyen, ni montrer le rôle considérable qu'il joua dans les conseils du pays : je dois me borner à lui adresser en votre nom un dernier adieu. Quel hommage d'ailleurs pourrait égaler la manifestation imposante qui honore ses funérailles? Hier, tous les membres du gouvernement, les représentants de la France se pressaient autour de son cerceuil ! Les plus illustres d'entre eux témoignaient par leur douleur et par leurs larmes l'étendue de la perte que viennent de faire la Liberté et la Patrie.

» Et voici qu'aujourd'hui vous êtes accourus de tous les points du département pour déposer à votre tour sur sa tombe le tribut de regrets que vous impose la reconnaissance.

» Une ancienne habitude vous avait appris à connaître ce chemin et si un pieux devoir vous rassemble en ces lieux, n'y êtes-vous pas presque tous conduits en même temps par le souvenir des services et des bienfaits que vous y avez reçus? Vous deviez, mes chers concitoyens, cette marque de fidélité à celui qui fut votre protecteur et votre guide, dont le dévouement fut pour vous sans limites et qui, au jour fatal de l'invasion, n'hésita pas pour vous défendre à subir les plus violents outrages et à braver la captivité.

» Quelque puissants, en effet, que fussent les

liens qui le rattachaient au Dauphiné qui fut le berceau de sa famille, une secrète préférence le ramenait sans cesse au milieu de vous. C'était dans ce vieux château restauré et embelli par ses soins, qu'il aimait à venir, après la lutte et l'épreuve, chercher le repos et la paix. Lorsque la défiance du pouvoir qui l'avait chassé des assemblées le condamnait au silence il y avait vécu de longs jours dans une laborieuse retraite. Il y avait formé sous ses yeux, aidé par une admirable épouse, ces jeunes hommes dignes de leur race et appelés à en continuer le renom.

» Il y avait élaboré ces beaux travaux d'économie politique et d'histoire qui lui ouvrirent les portes de l'Institut. Mais M. Casimir-Perier n'était pas de ceux qui se résignent à l'inaction et à l'impuissance. S'il lui était alors interdit de s'occuper des affaires publiques, il employait son activité à servir les intérêts particuliers de cette région et groupant autour de lui tous les hommes de cœur il leur communiquait les sentiments de fierté et d'indépendance qui l'animaient lui-même. Ce fut ainsi qu'il organisa dans le département ce grand parti libéral qui attentif à ses exemples et docile à ses conseils, a, dans ces derniers temps, donné son loyal appui à la politique modérée et ferme qui pouvait seule fonder la République et pacifier la France.

» Aussi lorsque l'Assemblée nationale lui conféra le titre de sénateur inamovible, M. Casimir-Perier ne voulut point que cet honneur parût le séparer de ses concitoyens de l'Aube, qu'il appelait « ses chers et fidèles alliés. »

« Il n'y a rien de changé dans nos rapports, » vous écrivit-il; je ne vous abandonne point; » vous aurez seulement un sénateur de plus. » Il y a juste six mois, messieurs, qu'il vous adressait ce témoignage de son affection et de sa constance; vous étiez fiers de compter au nombre de vos représentants l'homme d'Etat que sa clairvoyance et sa haute sagesse, aussi bien que la légitime popularité qu'il avait conquise, désignaient peut-être comme l'arbitre futur de nos destinées. Il semblait que M. Casimir-Perier eût encore devant lui un long avenir. Parvenu au sommet de la vie, dans toute la force de l'âge et du talent, il se sentait à peine des approches de la vieillesse. Cependant, le mal qui vient de l'accabler tout à coup avait depuis l'ongtemps commencé ses ravages. M. Casimir-Perier apportait dans la vie publique une telle sincérité, un si grand amour de la vérité et du droit, que les trahisons et les injustices lui faisaient au cœur de cruelles blessures. Comme il ne se dirigeait jamais par des vues ambitieuses et qu'il ne songeait qu'à la France, lorsqu'il voyait parfois ses intentions les plus pures méconnues et calomniées, il éprouvait un profond déchirement. Dans les débats politiques auxquels il se mêlait avec une passion si honnête, il laissait ainsi chaque jour une part de lui-même. Quel plus bel éloge pourrait-on faire de lui! il s'est éteint avant l'heure pour avoir été trop vivement remué par les plus nobles émotions qui puissent agiter l'âme humaine. L'ardeur patriotique qui l'enflammait, l'a comme un feu intérieur consumé lentement. C'était cette ardeur généreuse qui animait Casimir-Perier l'ancien et qui, après avoir épuisé ses forces, le livra sans défense au terrible fléau qui l'emporta. Aussi, la mémoire de celui qui fut le digne héritier de son nom et qui, continuant sa politique, eut, comme lui, le mérite de comprendre les nécessités de son temps et d'y conformer sa conduite, demeurera entourée du même respect. Quant à vous, messieurs, vous lui rendrez un culte fidèle, et puisque M. Casimir-Perier vous a confié sa dépouille, vous saurez garder et honorer son tombeau. »

Peu de personnes purent entendre sur place ces morceaux de haute éloquence (l'émotion avait presque étoufféla voix des orateurs), où le sentiment éclate dans tout ce qu'il a de plus suave et de plus généreux, d'où s'exhale le doux parfum de l'amitié et où se manifestent la reconnaissance et l'estime profondes de ces deux hommes de bien dont le cœur battait à l'unisson d'un cœur bon et magnanime; mais celles qui, comme nous, ont pu les recueillir se sont senties remuées jusqu'au fond de l'âme. Auprès de chaque lecteur, ces accents trouveront un écho sympathique car ils répondent aux sentiments de toutes les populations vis-à-vis de M. Casimir-Perier; ils sont l'expression de la pensée de tous ceux qui ont connu l'illustre bienfaiteur de notre département.

La presse entière est unanime à apporter un juste tribut d'universels regrets, à se répandre en mille éloges, à verser des larmes et à jeter à pleines mains des fleurs sur une tombe que la mort vient d'ouvrir trop prématurément. Elle salue une dernière fois avec la plus vive émotion cet astre brillant qui vient de s'éteindre à l'horizon politique.

En M. Casimir-Perier, elle loue le savant diplomate, le profond politique, le patriote éprouvé, le grand citoyen, l'homme honnête et loyal, l'âme pure et franche, le cœur bon et généreux, l'esprit essentiellement libéral, l'ennemi acharné du despotisme et l'ami constant du progrès et de la liberté. Elle entoure de son respect le plus digne, d'une reconnaissance sans bornes, celui qui, n'écoutant que le cri d'une conscience droite, malgré ses répugnances personnelles et ses traditions de famille, est venu de lui-même, sans réticence aucune, au système de gouvernement qui pouvait seul sauver notre pays, que dis-je? *celui qui a attaché son nom à la forme républicaine.*

M. Casimir-Perier portant un nom illustre à tous les titres, que la gloire a illuminé, que la renommée a porté dans tout l'Univers, en a depuis quelques années encore rehaussé l'éclat, si nous pouvons ainsi nous exprimer.

Aujourd'hui, la bourgeoisie libérale, le parti républicain, et le centre gauche principalement, éprouvent dans leurs rangs un vide irréparable.

Comment clore ces lignes sans offrir, nous aussi, nos hommages sincères, tout notre respect, notre amour et notre reconnaissance à celui qui fut l'ami, le conseiller, le protecteur et le bienfaiteur de tout notre arrondissement, mais de Nogent en particulier, sans adresser toutes nos condoléances à une épouse dont chacun connaît la dignité et l'extrême bonté, à des fils affectueux, qui pleurent : l'une un époux tendre et bienveillant, les autres un père rempli de sollicitude et d'affection.

Une chose, toutefois, doit apporter quelques consolations à cette famille plongée dans le deuil, doit nous en apporter à tous : tout n'est pas perdu avec M. Casimir-Perier descendant dans la tombe! Est-ce que M. Jean Casimir-Perier, notre jeune député, n'est pas là? Est-ce que M. Pierre Casimir-Perier n'est pas là aussi? Oui, ils sont là tous les deux, nous les voyons à l'œuvre tous les jours, pour consacrer la mémoire d'un nom immortel et pour en perpétuer le souvenir!

Nous croyons devoir terminer cette brochure par l'article suivant, que nous empruntons au *XIXe Siècle :*

» La mort, qui avait semblé lui faire grâce, nous l'a repris hier matin. Il nous quitte à 65 ans, dans toute la vigueur d'une belle intelligence, dans toute la sérénité d'une grande âme. La République perd en lui un de ses fondateurs, la France un de ses leaders naturels, la bourgeoisie un de ses modèles les plus accomplis. Fils d'un grand citoyen, héritier d'un nom qui s'impose au respect de tous les partis comme un symbole de l'ordre dans la liberté, il emporte avec lui cette gloire, moins commune et moins facile qu'on ne croit, d'avoir continué son père. Diplomate, écrivain, orateur, ministre, ballotté par les circonstances entre l'opposition et le pouvoir, il honore toutes les carrières qu'il a traversées. Depuis son premier jour jusqu'au dernier, le pays, témoin de sa vie, l'a vu modeste et simple, ferme et droit. « Le César ténébreux de l'Élysée et le César impitoyable de » Berlin l'ont fait prisonnier tour à tour, et cette » double consécration donnée à son patriotisme » ne l'a pas même enorgueilli. » La popularité lui est venue d'elle-même, sans qu'il eût fait un pas au-devant d'elle; il n'a ni cherché ni fui les honneurs; nous l'avons vu entrer au ministère et en sortir aussi naturellement que si le ministère était sa maison paternelle. Modéré dans l'opposition, libéral aux affaires, il a montré à ses contemporains comment un galant homme doit prendre, exercer, rendre et au besoin refuser le pouvoir.

Cet homme, de paisible et courageux exemple, ne craignit pas de condamner la monarchie constitutionnelle, illustrée par les services de son père, lorsqu'il vit que les princes d'Orléans tiraient à droite et que la France allait résolûment à gauche : il salua les princes avec la courtoisie dont il ne s'est jamais départi, et suivit le drapeau de la France.

» L'histoire lui tiendra compte et des sacrifices d'opinion qu'il a faits, et de l'esprit de conciliation qu'il a mis au service de la République, et de l'autorité décisive qu'il exerça sur une Assemblée malheureusement trop portée à ne voir dans le pays qu'elle-même. Il a marqué sa place dans l'estime et la reconnaissance des hommes à côté de son illustre ami M. Thiers.

» Ah ! l'on meurt trop, du bon côté ! Ce cri naïf que j'entendais, il y a un moment, dans la rue, et qui montre la mort de Casimir-Perier entassée sur la mort de Ricard, m'a rappelé les belles espérances que nous fondions hier encore sur la guérison d'un si capable et d'un si digne homme d'Etat.

» L'opinion républicaine en faisait un ministre des affaires étrangères, et qui sait? quelque chose de plus peut-être avec le temps. Ce qu'il faut pour asseoir définitivement la nouvelle constitution, c'est l'action tranquille et sage d'un bon bourgeois, soumis de cœur à la volonté nationale et capable d'incliner patriotiquement devant elle la fierté de son caractère et la supériorité de son esprit.

» Hier soir, la presse monarchique et cléricale n'a pas trouvé une bonne parole pour saluer ce deuil de la patrie; puisse-t-elle trouver toujours dans les hommes du gouvernement le libéralisme sincère et la largeur d'esprit qui distinguaient Casimir-Perier !

» La France sait ce qu'elle perd en lui : Paris n'oubliera pas le généreux effort qu'il a tenté pour ramener les pouvoirs publics à la place marquée par la nature et par l'histoire. La France et Paris lui feront de nobles funérailles.

» ABOUT. »

NOGENT SUR-SEINE, IMP. FAVEROT.

www.ingramcontent.com/pod-product-compliance
Ingram Content Group UK Ltd.
Pitfield, Milton Keynes, MK11 3LW, UK
UKHW021938200726
13855UKWH00007B/1579

9 782013 040334